Este título incluido en **Nuestros Ilustres** —la serie de biografías de destacados personajes de los ámbitos de la ciencia, la cultura y la historia— pretende servir de soporte cultural y educativo, así como de **apoyo extracurricular a diversas asignaturas**, con el objetivo de promover el conocimiento, la investigación, la innovación, el talento y la divulgación. Cada título aproxima a los niños a un personaje cuya trayectoria ha contribuido significativamente al desarrollo y a la calidad de vida de nuestra sociedad.

Cabildo de Gran Canaria

Las biografías de **Nuestros Ilustres** forman parte de un proyecto impulsado por la **Fundación Acuorum Iberoamericana Canaria de Agua** en colaboración con **Canaragua**, **Aguas de Telde** y **Teidagua**. Han sido coordinadas y producidas bajo el sello de **Vegueta.**

Guía de lectura:
¿Deseas saber más sobre Manolo Millares y su época?

Citas de los protagonistas. | Información más detallada.

Textos: Aitor Quiney
Ilustraciones: Lluís Farré
Diseño de la colección: Anna Bosch

Colección dirigida por Eva Moll de Alba

Gabinete Literario. Plaza de Cairasco, 1
35002 Las Palmas de Gran Canaria
www.acuorum.com

Primera edición: julio de 2024
ISBN: 978-84-18449-37-6
Depósito Legal: GC 125-2024
Impreso y encuadernado en España

MIXTO
Papel procedente de fuentes responsables
FSC® C111592

NUESTROS ILUSTRES

Manolo Millares

El pintor de las arpilleras

AITOR QUINEY
LLUÍS FARRÉ

Vegueta Infantil

Carnaval canario

El Carnaval de Las Palmas es una de las fiestas populares más relevantes y multitudinarias de España. Durante sus más de cinco siglos de vida, cada febrero las calles se llenan de verbenas, desfiles y comparsas. Un derroche de color, alegría y música que en 2017 fue declarada Fiesta de Interés Turístico Nacional.

Peña de los Perros

Se encuentra en la Playa Grande, muy cerca de El Peñón, y se cuenta que debe su nombre a que los niños trataban de llegar a ella nadando «a perrito». Dependiendo de la marea, la roca se encontraba más o menos cerca de la orilla y para los más pequeños era todo un hito alcanzarla a nado.

Soy pintor. Y también escritor, pues las palabras me permiten transmitir con la misma intensidad que la pintura lo que quiero expresar, que es la esperanza del hombre a pesar de tanta injusticia. Las guerras me han marcado como a un caballo le marca la piel el hierro candente. Porque algunos han querido ser nuestros dueños, como si fuésemos caballos, o toros o vacas o carneros.

Nací con el arrullo de mar de la playa de Las Canteras, en Las Palmas de Gran Canaria, el 17 de febrero de 1926, en pleno carnaval. Tal vez por eso, aunque sea el hombre más serio del mundo, también me gusta el jolgorio. Aunque lo que más me atrae es la Peña de los Perros, que asoma del mar y se ve desde mi ventana. Sueño con llegar a ella a nado, pero mis padres no me dejan porque está lejos de la orilla.

En la parte de atrás de mi casa, en la calle Luis Morote, hay un jardín desvencijado, tal vez por el salitre del mar, a donde llega olor a marisco y musgo verde. Mientras escribo esto, recuerdo la orilla y cómo iban los peces, con la marea baja, a comer pan de nuestras manos. De algún modo, siempre he regresado a la playa de mi infancia.

Nací en el seno de una familia que se remonta, según me contaron, a los primeros conquistadores de las islas. Entre mis ilustres ancestros hay historiadores, maestros, poetas, escritores, y ahora pintores como mi hermana Jane, dos años más pequeña, y yo. Cada uno con su historia. Ésta es la mía.

Mi madre era ama de casa y mi padre profesor de instituto. Durante mi infancia y adolescencia, viví en muchas casas en distintos barrios: Vegueta, San José, El Monte, y asistí a otros tantos colegios. De mudanza en mudanza, siempre nos acompañó un libro de grabados del pintor Francisco de Goya, *Los caprichos* y *Desastres de la guerra*, que dejó una profunda huella en mi alma impresionable y que marcaría mi futuro como artista.

En casa se vivía con intensidad el ambiente político. Mis ojos de niño asistieron a la llegada de la II República, que mis padres recibieron con entusiasmo. Sin embargo, cuando estalló la Guerra Civil, nos vimos obligados a mudarnos a Lanzarote, donde pasamos muchas penurias. Pero también fue allí donde empecé a dibujar.

Y dibujaba los paisajes de Arrecife, una pequeña ciudad que vivía entregada al mar; un pueblo de pescadores. También retraté a mi padre, al que llamábamos don Papas. No había cosa mejor para mí que una caja de lápices de colores y una libreta para pasar las horas muertas dibujando.

En 1938, regresamos a nuestra isla natal, con lágrimas en los ojos por la dictadura que se había instaurado en nuestro país. Fue una época de hambre para mi familia.

Jane Millares
(Las Palmas de Gran Canaria, 1928 - 2022)

Casi autodidacta, con un talento y una sensibilidad extraordinarios, Jane es la primera mujer del movimiento indigenista canario y también la primera en exponer en solitario en Las Palmas. Es reconocida por sus pinturas y esculturas, pero también por su activismo social y por la lucha en favor de los más desfavorecidos. Ella fue una de las impulsoras de la creación de la Universidad de Las Palmas.

II República Española

Proclamada el 14 de abril de 1931, tras el triunfo del partido republicano en las elecciones en sustitución de la monarquía de Alfonso XIII. Durante el mandato de su presidente, Manuel Azaña, se creó la Constitución de 1931, en la que se instauraba el sufragio universal, y por tanto, el derecho de la mujer a votar en igualdad de condiciones con el hombre y la aceptación del catalán, el euskera y el gallego como lenguas cooficiales junto al castellano. Además, defendía la libertad religiosa, de expresión, de reunión y asociación. La II República finalizó el 1 de abril de 1939, dando paso a la dictadura franquista.

Felo Monzón
(Las Palmas de Gran Canaria,
1910 - 1989)

Rafael Monzón Grau-Bassas, conocido como Felo Monzón, es uno de los artistas más representativos de Canarias. Su vida y su obra están íntimamente ligadas con la Escuela Luján Pérez, en la que ingresó a los 15 años y en la que luego ejerció como profesor y director hasta su muerte. Considerado uno de los principales exponentes del movimiento pictórico indigenista, recibió el Premio de Canarias de Bellas Artes e Interpretación en 1984.

Los colores de mi infancia se tornaron grises como el ambiente, pero hice algunos amigos artistas con los que mantuve una amistad eterna: Felo Monzón y Martín Chirino. Por entonces leí en la biblioteca de mi tío la *Historia general de las islas Canarias*, escrita por mi bisabuelo Agustín Millares Torres. Me atraían la historia y lo aborigen, nuestro arte antiguo, esa época en que nuestros antepasados vivían en cuevas y hacían vasijas de cerámica que pintaban y decoraban con sus propias manos. Siempre me había fascinado la arqueología, y si no hubiese sucumbido a mi pasión por el arte, me habría hecho arqueólogo.

Y no me va nada mal. Empiezo a publicar algunas cosas sueltas en revistas y libros, e incluso participo en exposiciones colectivas. Hasta que en 1945 inauguro mi primera exposición individual en el Círculo Mercantil, con marinas y paisajes de Canarias. Tampoco me va mal en el amor, y ese mismo año me hago novio de Elvireta Escobio, con quien me casaré años más tarde. Mi segunda exposición en el Gabinete Literario es ya todo un éxito de ventas y de público.

La lectura, otra de mis pasiones, me hace ver que existe un mundo fuera de las islas, pero también en nuestro interior. Leyendo descubrí a Picasso y a Dalí. Ellos me acercaron a un sentido nuevo de la pintura. Sin conocer el surrealismo no habría indagado en mi propio subconsciente ni habría seguido mi instinto para mis primeras pinturas importantes. Recuerdo una obra en especial en la que me pinté a mí mismo pintando mi autorretrato. Me gusta mucho retratarme, y retratar a los demás.

El mundo del arte me fascinaba, en todas sus formas. En mi casa éramos grandes amantes de la música, y allí aprendí a tocar el timple y entonar isas y folías. Y, por supuesto, me fascinaba leer. Por entonces descubrí el *Romancero Gitano* del gran poeta Federico García Lorca, por quien sentí de inmediato una inmensa devoción.

«La pasión por la pintura, como la materia, nunca muere, solo se transforma».

Elvireta Escobio

Timple

El timple es un instrumento musical de cinco cuerdas originario de las islas Canarias, muy similar a una guitarra pequeña o un laúd. También se le llamaba «camellito sonoro», por la forma de la tapa posterior, similar a una joroba.

Isas y folías

Las isas y las folías son cantos y bailes típicos del archipiélago canario. La isa es un baile más alegre, con unos pasos muy sencillos que recuerdan a los de la jota, presente en todas las fiestas populares de las islas. La folía es el canto regional por excelencia. Procede de un baile antiguo portugués, que se adaptó en Andalucía como danza popular para la corte. La música tiene su origen en los fandangos del siglo XVIII. Es difícil de interpretar y se baila por parejas, como una suerte de rito amoroso en el que el hombre trata de tocar a la mujer, que lo evita.

Planas de Poesía

En los primeros años de la posguerra, la capital grancanaria vivió un momento de gran inquietud cultural. Jóvenes y mayores se reunían en las tertulias o en el entorno del Museo Canario. En ese contexto, el 1 de julio de 1949 nace, de la mano de los hermanos Millares, la revista *Planas de Poesía*. Se publicaron 18 números, que aunaban poesía y dibujos, introduciendo en Canarias lo mejor de las corrientes vanguardistas, en dos años.

En 1949, mis hermanos Agustín, José María y yo fundamos la revista *Planas de Poesía*. En ella ven la luz muchas de mis obras. El número que más me gusta se titula *El hombre de la pipa*, e incluye dos autorretratos y los retratos de amigos de Madrid y Barcelona con quienes mantengo una relación epistolar. ¿Raro, no? He de reconocer que la soledad de la isla me lleva a buscar la amistad más allá del mar.

En 1950, varios artistas canarios fundamos el grupo Los Arqueros del Arte Contemporáneo (LADAC), al que también pertenece mi novia Elvireta Escobio, además de otros grandes artistas amigos nuestros. Con el apoyo del crítico de arte y gran amigo Eduardo Westerdahl, nuestro grupo se convierte en uno de los más innovadores a nivel artístico en la difícil época de la posguerra. Elegimos como símbolo a un arquero prehistórico de las pinturas rupestres de Levante, pues pensamos que nuestro arte ha de ser como el de aquellos que decoraron estas cuevas.

También publico libros sobre algunos amigos. Conocerles y conocer su obra me permite saber que comparto inquietudes con otros jóvenes artistas de la península, como los que conforman el grupo Dau al Set o Lais de Barcelona, o la Escuela de Altamira de Santander. Todos tenemos el deseo de cambiar el arte apagado por uno nuevo, más comprometido.

Los Arqueros del Arte Contemporáneo (LADAC)

En 1950, Manolo Millares promueve la creación del grupo LADAC con el objetivo de plantear diversas propuestas para dinamizar el panorama cultural de las islas, muy resentido tras el fin de la guerra. Además de él y su mujer, Elvireta Escobio, estaba integrado por Felo Monzón, Juan Ismael, Alberto Manrique y José Julio Rodríguez.

El vanguardismo en España

Las vanguardias se difundieron en España gracias a la publicación de revistas y tertulias que se realizaban en cafés. Después de la guerra, el panorama cultural era desolador, pero, aun así, los artistas no se resignaron y siguieron reuniéndose en diversos grupos y publicando revistas para fomentar el impulso artístico y su divulgación.

Mis continuas visitas al Museo Canario dejan su impronta en mí, y en mis vibrantes construcciones es más que evidente la influencia del arte aborigen. Es cuando empiezo a pintar mis *Pictografías canarias* y mis *Aborígenes*, basados en el arte canario prehispánico. Sin duda, fueron lo mejor de mi producción en esos años, obras con las que «aspiro a levantar de nuevo un arte auténticamente canario y autónomo». Recipientes cerámicos, pintaderas, ídolos, elementos decorativos geométricos, grabados o motivos astrales de la cerámica de Agüimes... Todo me parece rebosante de poesía y, como tal, una fuente de inspiración.

No paro de trabajar ni de pintar y, al fin, en 1951 expongo por primera vez fuera de mis islas natales. En concreto en Barcelona, y también en Madrid, así como en la I Bienal Hispanoamericana de Arte. Eso sí, tengo que reconocer que no me entusiasma viajar, así que envío mis cuadros y yo me quedo tranquilamente en mi casa.

Museo Canario

Fruto de la iniciativa de un grupo de intelectuales encabezados por el Dr. Gregorio Chil y Naranjo y Agustín Millares Torres, en 1879 se funda el Museo Canario. Enclavado en el barrio de Vegueta, en él se expone la colección más importante de arte aborigen canario. Cabe destacar que este museo cuenta con unos fondos documentales y una biblioteca que lo han convertido en un referente obligado para investigadores, estudiantes y curiosos de la cultura canaria.

Arte aborigen canario

Los aborígenes eran una comunidad dedicada a la agricultura, la ganadería y la pesca que adoraba al dios Acorán. Entre los objetos artísticos realizados por los aborígenes canarios durante su asentamiento en las islas destacan los grabados rupestres, las estelas, las pinturas y diversas piezas de cerámica e ídolos. Todo su arte remite al mundo religioso y mágico de los guanches.

Pintadera

Las pintaderas canarias son una especie de sellos hechos de arcilla, barro cocido o madera que fabricaban los guanches. Su forma es geométrica: triangular, circular, semicircular... y suelen estar decoradas, a su vez, con otras formas geométricas. Algunas tienen un mango. Aunque se desconoce su uso, se cree que servían para decorar el cuerpo, a modo de tatuaje.

Mis cuadros canarios llaman la atención, pero yo sigo experimentando, y pronto de esta unión entre arqueología y pintura pasaré a centrarme en el hombre y la condición humana. Las terribles imágenes de la Segunda Guerra Mundial que había visto en algunas revistas me causaron tal impacto que mi obra no pudo permanecer ajena a la tragedia. Son épocas de profundas inquietudes personales. Unas inquietudes tienen que ver también con mi carácter raro y no pocas veces ausente de lo que me rodea.

Poco después organizo en Las Palmas una exposición dedicada al dibujo a la que invitamos a los mejores pintores jóvenes españoles de la época. Muchos de ellos, como Antoni Tàpies o Antonio Saura, no tardarán en ser reconocidos en todo el mundo.

Antoni Tàpies
(Barcelona, 1923 - 2012)

Este pintor, escultor y teórico del arte español está considerado uno de los máximos representantes del informalismo. El lanzamiento de la bomba atómica, en la Segunda Guerra Mundial, le dejó tan impresionado que a partir de entonces su lenguaje pictórico se compondría de polvo, tierra, materia y átomos que usaba en sus obras mediante técnicas innovadoras, collages, incisiones. Su obra, que le ha valido los más importantes galardones, ha sido reconocida a nivel tanto nacional como internacional, y se ha expuesto en los museos más importantes del mundo.

Antonio Saura
(Huesca, 1930 - Cuenca, 1998)

Nacido en Huesca en 1930, comenzó a pintar, de forma autodidacta, a los 15 años durante la convalecencia de la tuberculosis. Tras un viaje a París, su obra evoluciona del surrealismo a la pura abstracción. En 1957 fundó, con otros informalistas, el grupo El Paso. En sus cuadros predomina el color negro, acompañado de marrones y grises. En su última etapa, rechazó el formato pequeño para crear composiciones de grandes dimensiones en las que introdujo otras tonalidades.

«No me asusto si digo que mucho de lo que hago escapa a mi entendimiento. Y no me asusto porque, en rigor, no siento necesidad de entender todo lo que pinto (...). Actúo con toda libertad en un mundo deliciosamente extraño, desconcertante; choco diferentes texturas; acribillo los espacios infinitos y los torturo con la dinámica maraña de unas cuerdas».

Manolo Millares

Oí crecer las palomas

Publicado en Las Palmas en 1955 y pagado por Martín Chirino, el primer libro de Padorno es fruto directo de una atmósfera generacional compartida. Su edición de sólo 150 ejemplares pasó desapercibida fuera de las islas. La cubierta y el retrato del poeta son dos dibujos de Millares.

Por fin, en 1953, me caso con mi amor de toda la vida, Elvireta Escobio, y juntos hacemos nuestro primer viaje a la península, donde conocemos en persona a muchos de los artistas a los que solo conocía por carta. Me gusta saber que los críticos de arte comienzan a hablar de mi obra. Elvireta y yo, después de darle muchas vueltas, decidimos trasladarnos a Madrid, así que, en 1955, embarcamos hacia Cádiz, acompañados de Alejandro Reino, del escultor Martín Chirino y del poeta Manolo Padorno, a quien había ilustrado el libro *Oí crecer las palomas*. Será el viaje definitivo, pues nos quedaremos en la capital para siempre. Desde allí, emprenderé mi primer viaje a mi soñada París.

Comienzo entonces los *Muros* aborígenes, en los que mezclo dibujos de objetos con letras inventadas, signos y elementos minerales como cerámica o tierra, casi como los grafitis que se hacen ahora en las paredes. Son obras abstractas, en donde la figura humana no aparece, pero sí su angustia vital, que es la mía. Para entonces, mi nombre ya comienza a sonar con fuerza, y me atrevería a decir que con respeto, en los círculos artísticos.

A pesar del esfuerzo que Elvireta y yo hacemos para sobrevivir, se van abriendo esperanzas para mí. Mis *Muros* evolucionan, empiezo a desgarrar mis lienzos. Son heridas que surgen del interior, pues representan los agujeros que dejaban las balas en los paredones de la Casa de Campo donde fusilaban a los enemigos de Franco. El arte para mí no ha de ser una contemplación fácil de la vida, sino desgarrada.

Y en un abrir y cerrar de ojos estamos en 1957, año importantísimo. Expongo mis primeras arpilleras en el Ateneo de Madrid. Se publica también el primer libro que habla exclusivamente de mi obra, todo un hito. Otros artistas cercanos a mi idea de lo que tiene que ser el arte y yo nos unimos para formar el grupo El Paso, que plantea una obra revolucionaria que asume esa idea que antes explicaba, la vida dramática del hombre frente a la historia y la realidad.

Pero en mi obra, algo es diferente. Yo humanizo mis deformes arpilleras para dotarlas de vida. Luego las recubro de negro y rojo y, a veces, después de desgarrarlas y darles formas, las coso con cuerdas y hago huecos para que respiren. Para que se vea el vacío que hay dentro del hombre. Son momentos de grandes cambios en el arte occidental. Y mi obra destacará entre las más innovadoras. Como si hiciera una radiografía del tiempo que nos ha tocado vivir.

El Paso

Este grupo perteneció a un movimiento artístico internacional al que Cirlot bautizó como informalismo y que surgió tras el pesimismo provocado por los horrores de la Segunda Guerra Mundial. Paralelo al expresionismo abstracto estadounidense, el informalismo representó la vida y los estados de ánimo de diferentes formas, sin recurrir en ningún momento a la figura humana, expresándose a través de las técnicas o los materiales que se empleaban.

Arpillera

Las arpilleras son sacos de tela que se usaban para transportar productos alimenticios. Aunque son material de desecho, Millares los reciclaba para darles formas humanas retorcidas o para hacer con ellas el soporte de sus cuadros. Estas obras consiguieron que su nombre fuera reconocido a nivel internacional.

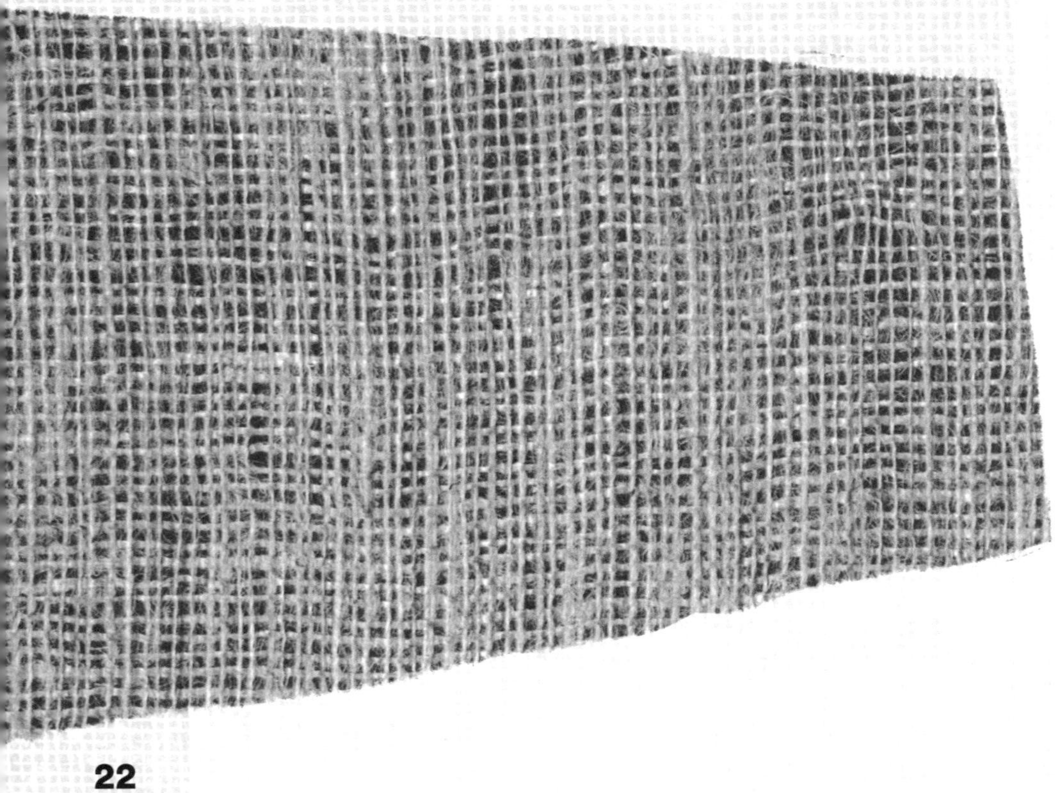

Museo de Arte Moderno de Nueva York

El MoMA, como se conoce este importante museo, se encuentra en el Midtown de Manhattan. Está considerado un lugar emblemático para el surrealismo y el impresionismo, aunque alberga también numerosas piezas de diseño. Entre su colección destacan obras de pintores de la talla de Van Gogh, Mondrian, Picasso, Dalí, Pollock, Warhol y Hopper.

Mis arpilleras llegan a Brasil y el Museo de Arte Moderno de Nueva York, que es el lugar donde cualquier pintor de mi época quisiera estar representado, me compra algunas de ellas. Los artistas de El Paso exponemos en Barcelona, donde tenemos la oportunidad de ver a nuestros amigos.

Elvireta me pide que escriba aquí sobre el día de la inauguración y lo bien que fuimos acogidos por Joan Prats o por el ceramista Llorenç Artigas. Joan Brossa nos enseñó sus mágicos juguetes, y por la mañana nos lo pasamos de miedo probándonos todos los sombreros de la sombrerería de Joan Prats. No puedo olvidar la presencia de Joan Miró, que supuso un importante respaldo a nuestra obra y a nuestra actitud de lucha.

Ya soy colaborador habitual de numerosas revistas españolas y europeas y he entrado en contacto con los que serán mis dos galeristas principales de París y Nueva York: Daniel Cordier y Pierre Matisse. Ellos se dedicarán a dar a conocer mi obra. Tras la disolución de El Paso, sigo mi propio camino. Unas etapas se cierran y otras se abren.

El mismo año que inauguro una gran exposición en París, nace nuestra primera hija, Eva. A pesar de todo este éxito que a veces me aturde, continúo investigando las posibilidades de la materia y la condición humana. Surge entonces el *Homúnculo*, el hombre en estado de formación, como si fuera de barro hecho de esa arpillera que moldeo con mis manos y coso con mis cuerdas. El *Homúnculo* representa el misterio del hombre, porque el misterio forma parte de nuestras vidas y es tan necesario en el arte como respirar. Pero representa también su agonía.

También la Tate Modern Gallery compra una de mis obras. He alcanzado el cénit de mi carrera, pues con esta adquisición estaré representado en los mejores museos de arte contemporáneo del mundo. Y también lo he alcanzado en mi vida personal. Por las tardes, mientras preparo mis arpilleras en el taller, veo crecer a mi hija Eva, que juega entre los botes de pintura colocados en el suelo. Por supuesto, puede pintar lo que ella quiera. La veo crecer como crecen mis obras.

El *Homúnculo*

Con él se abrió una auténtica línea temática y autónoma dentro de la obra de Millares. Una línea en la tradición de nuestra pintura barroca, que recogió el desgarro, el dolor y la muerte desde Zurbarán hasta Velázquez, empleando sus mismos colores: negro, rojo y blanco. Con esta gama consiguió crear una atmósfera de gran espiritualidad. Estos *homúnculos* estaban también inspirados en las momias de los aborígenes del Museo Canario que tanto impresionaron a su autor.

Tate Modern Gallery

La Tate Modern de Londres es el museo de arte moderno más visitado del mundo, superando al MoMA de Nueva York y al Museo Reina Sofía de Madrid. Su colección permanente contiene obras de la mayoría de los artistas más relevantes del siglo xx, como Andy Warhol, Salvador Dalí, Mark Rothko, Pablo Picasso o Edvard Munch.

«Un cura mezquino y empecinado denunció a Juan Millares Carló, padre de Manolo Millares, que perdió el trabajo y se llevó a la familia a Lanzarote para esquivar el hambre. No hubo manera. En *El faro y la noche* hay una escena sobrecogedora: Lola, su mujer, trata de convencer a sus hijos de que están enfermos para retenerlos en la cama. En realidad, quería engañarlos, disimular que no tenía comida».

Selena Millares

Museo de Arte Abstracto Español de Cuenca

Inaugurado en 1966 por iniciativa de Fernando Zóbel y situado en una de las famosas Casas Colgadas de la ciudad de Cuenca, el Museo de Arte Abstracto Español de Cuenca exhibe de forma permanente una de las mejores colecciones de arte abstracto, sobre todo pinturas y esculturas, de los años 50 y 60 del siglo xx.

En 1964, compramos una casa en Cuenca, punto de encuentro de diferentes artistas que en el futuro será la sede de un importante museo. Por entonces, mi obra avanza un paso en lo creativo, con los denominados *Artefactos*, objetos de grandes dimensiones construidos con arpillera y madera, asemejando barricadas o paredones poéticos de guerra.

La muerte de mi padre me deja abatido. A él le dedico la carpeta titulada *Mutilados de paz*, compuesta por cuatro serigrafías y un poema de Rafael Alberti. Él fue el primer mutilado de paz que conocí. ¿No sabes qué es eso?
Un mutilado de paz es una persona buena que ha padecido la injusticia de la guerra, pero sobre todo la provocada por la dictadura de Francisco Franco. Son momentos de lucha política encubierta. Y mi obra sirve para eso, para hacer entender que aun hay esperanza para el hombre y que no podemos resignarnos. Mi arte se vuelca en dibujos, alfombras, grabados, cerámica y libros ilustrados. Mi obra evoluciona. No quiero estancarme en el éxito fácil, así que introduzco en las arpilleras objetos cotidianos, como zapatos viejos o pantalones usados.

Inicio una serie de arpilleras que llamaré *Humboldt en el Orinoco*, inspiradas en mi lectura de la obra del explorador Humboldt sobre la geografía botánica de los grandes ríos Amazonas y Orinoco. ¡Qué importante es leer para comprender el mundo! Mi arte pone imaginación a esa aventura científica. Cuando Humboldt habla de las aguas blancas y negras del gran río americano, veo las aguas del río en mis arpilleras, que cubro de blanco y negro y coloco en posición horizontal.

En 1969, Elvireta y yo hacemos un viaje por el desierto del Sáhara. Me impactan la luz, los espacios abiertos y los esqueletos de animales que encontramos en las cunetas. Y me dejo llevar de nuevo por mi espíritu de arqueólogo. Mi obra se hace más blanca, y predominan los tonos rosados. Algunos han llamado a este período mío La victoria del blanco. Trabajo mucho en grabados y hago diferentes carpetas de serigrafías, aguafuertes y grabados a punta seca.

De repente, comienzo a sentirme enfermo. Nunca sabemos cuándo nos vamos a morir, pero mi cuerpo parece decir que ya tiene suficiente. Al final de mi vida trabajo en las figuras que llamo *Personajes caídos*, *Animales del desierto*, *Sarcófagos*, *Neanderthalios* y *Antropofaunas*, evoluciones de mis primeros *Homúnculos*, unas iconografías propias en las que sigo representando al centro de mi preocupación: el hombre que construye y destruye como hago yo con mi obra. Los blancos, los rojos y los negros seguirán inundando estas arpilleras a las que añado caligrafías extrañas, garabatos y arabescos que sugieren historias de mis viajes y del mundo que se abre ante mis ojos.

Alexander von Humboldt
(Berlín, 1769 - 1859)

Fue un astrónomo, humanista, naturalista y explorador prusiano, padre de la geografía moderna. Sus viajes de exploración, que se han comparado con los de Darwin en cuanto a su influencia en varios ámbitos científicos, le llevaron de Europa y América del Sur hasta Asia Central. Adelantado a su tiempo, sus experimentos de campo aportaron una nueva visión de la naturaleza desde el humanismo. Además, fue la primera persona que mencionó el cambio climático.

En 1971, nace nuestra segunda hija, a la que llamamos Coro. Eva y ella se ocuparán de mi legado cuando yo muera. Aunque solo me queda un año de vida, me da tiempo a exponer en varias ciudades. E incluso a viajar por última vez a Tenerife, donde me encuentro de nuevo con Joan Miró. Es como si la vida me regalara momentos mágicos. El amor de Elvireta, de Eva y Coro me acompaña. Y estoy contento de haberme marchado dejando una familia maravillosa y una obra que habla del hombre. De su amor y de su odio. De lo blanco y de lo negro. Pero también de muchos grises. Recuerden: no dejen nunca de leer. Para poder ser crítico y tener libertad de decir lo que queremos.

«Cuando evoco la imagen de mi padre, lo primero que me viene a la cabeza son sus manos. Esas manos aprendieron su baile sobre el papel, mucho antes de que nacieran dentro de mi padre otros Millares».

Eva Millares

«Lo insólito que me aguarda en la dimensión perdida de una burda arpillera encuentra su único paralelo en lo oscuro e inatrapable de lo desconocido».

Manolo Millares

El protagonista

1926

Manuel Millares nace en Las Palmas de Gran Canaria en el seno de una familia de intelectuales y artistas. Tuvo cinco hermanos también artistas, escritores y poetas. Aunque nació en un barrio de la Playa de las Canteras, su familia cambia de residencia con frecuencia. Por eso, durante la Guerra Civil Española, vive en Arrecife, capital de Lanzarote. Se interesa siempre por el arte y el dibujo.

1940

Se hace amigo de algunos futuros artistas, escritores y periodistas y comienza a pintar seriamente hasta que hace su primera exposición individual influido por el Surrealismo. Ávido lector, crea con dos de sus hermanos la revista *Planas de poesía*. Entra en contacto epistolar con numerosos críticos de arte y artistas de Barcelona y Madrid.

1950

Funda con otros artistas canarios el grupo Los Arqueros del Arte Contemporáneo (LADAC). Tiene su primera exposición individual en Barcelona y participa en numerosas exposiciones colectivas algunas organizadas por él. Dirige las publicaciones de monografía de artistas bajo el sello de Los Arqueros. Se casa con Elvireta Escobio también pintora y poeta. Con ella viaja a Madrid en 1955 donde vivirá hasta su muerte.

Otros canarios ilustres

1534-1597

Padre Anchieta
Escritor, aventurero y defensor de los pueblos indígenas

1758-1824

Agustín de Betancourt
Un ingeniero universal

1843-1920

Benito Pérez Galdós
El narrador de un mundo

1956

Después de investigar en su pintura a partir del arte aborigen canario pinta sus primeras arpilleras con las cuales alcanzará una madurez en la representación de la agonía del hombre después de haber vivido una Segunda Guerra Mundial. Organiza su primera exposición de Arpilleras en el Ateneo de Madrid. Comienza a participar en colectivas internacionales y en 1957 funda con otros artistas el grupo El Paso. El Museum of Modern Art de Nueva York adquiere una obra suya y aparece una primera monografía sobre él.

1960

Expone en la Galerie Daniel Cordier de Frankfurt y en la Pierre Matisse Gallery de Nueva York y se disuelve el grupo El Paso. Participa en numerosas exposiciones colectivas internacionales gracias a las cuales su nombre y su obra serán muy conocidas e influyentes. Sus arpilleras siguen evolucionando y las compagina con la escritura que será tan desgarradora como su pintura y su obra gráfica. En 1961 nace su hija Eva y aparece su segunda monografía. Viaja al Sáhara y realiza las carpetas *Torquemada* de serigrafías y *Antropofauna*, de cinco aguafuertes. En 1971 nace su segunda hija, Coro.

1972

Viaja por última vez a las Islas Canarias y su obra continúa exponiéndose hasta que muere en Madrid en el mes de agosto. A partir de su muerte, su obra, custodiada por su viuda y sus hijas, se ha ido revalorizando. Hoy en día Manolo Millares es considerado uno de los artistas más importantes de Canarias y de España.

1878-1945

Blas Cabrera
El gran físico amigo de Einstein

1883-1976

Mercedes Pinto
La escritora que abrió ventanas de colores

1907-2002

Josefina de la Torre
La muchacha isla

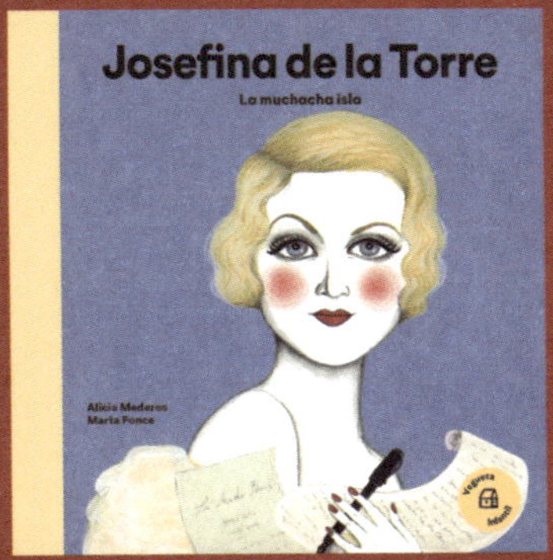